AF311961

RECHERCHES

SUR

L'ART FRANCAIS

Architecture — Peinture — Sculpture

PAR

MARQUET DE VASSELOT

Statuaire,
Officier d'Académie, Officier de l'Ordre du Mérite, Membre
de la Commission de surveillance de l'enseignement
du dessin dans le département de la Seine

MÉMOIRE

COURONNÉ PAR LA SOCIÉTÉ LIBRE DES BEAUX-ARTS

(MÉDAILLE D'OR)

Concours de littérature ouvert pour les écrivains français

(Année académique 1875-1876-1877)

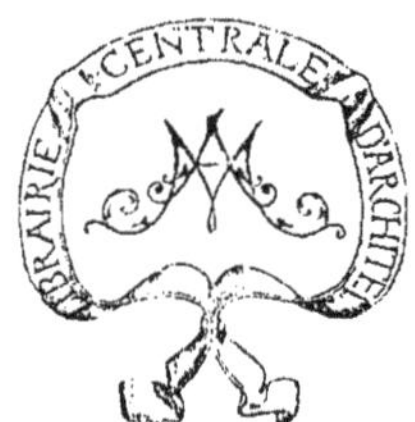

PARIS

A. MOREL & Cie, ÉDITEURS

RUE BONAPARTE, 13

1878

RECHERCHES

SUR

L'ART FRANÇAIS

RECHERCHES

SUR

L'ART FRANÇAIS

Architecture — Peinture — Sculpture

PAR

MARQUET DE VASSELOT

Statuaire,
Officier d'Académie, Officier de l'Ordre du Mérite, Membre
de la Commission de surveillance de l'enseignement
du dessin dans le département de la Seine

MÉMOIRE

COURONNÉ PAR LA SOCIÉTÉ LIBRE DES BEAUX-ARTS

(MÉDAILLE D'OR)

Concours de littérature ouvert pour les écrivains français

(Année académique 1875-1876-1877)

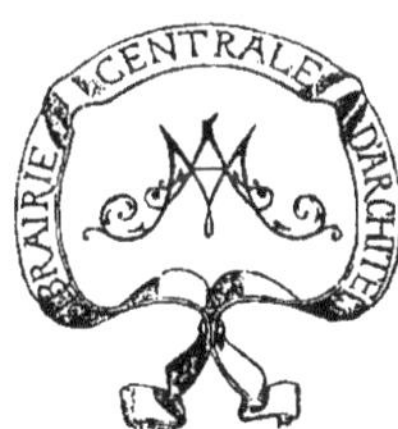
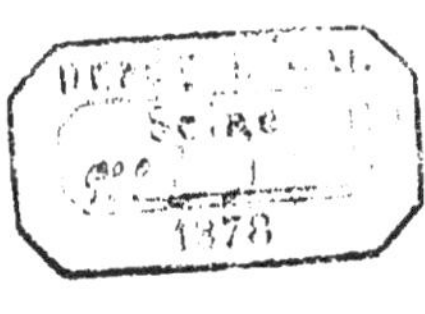

PARIS

Vᵉ A. MOREL ᴇᴛ Cⁱᵉ, ÉDITEURS

RUE BONAPARTE, 13

1878

ARDONNEZ-MOI, mes chers camarades, ex-cusez-moi, Messieurs, si j'ai osé prendre la parole sur des questions aussi sérieuses que celles que la Société libre des Beaux-Arts vient de poser.

J'ai pensé qu'il était du devoir de tout Français aimant les arts de dire son mot sur cet art français qui a résisté à toutes nos tourmentes politiques, à tous nos bouleversements administratifs.

Il y a, Messieurs, une invasion plus terrible pour nous que celle de l'étranger armé de canons ou de fusils : c'est l'invasion du matérialisme; c'est l'absence du style, de l'ordre, de la composition, du choix.

Les artistes sont maladroits à formuler leurs pensées, naïfs à les exprimer: je demande votre indulgence. Ne voyez dans ces quelques lignes que le désir sincère d'être utile à mon pays, à cette France si éprouvée, mais si glorieuse, si vivante par son art au milieu de nos immenses désastres. Si j'adresse quelques reproches, ce n'est certes pas aux administrateurs actuels et des Beaux-Arts et de notre École : leur dévouement et leur savoir leur donnent droit à tout notre respect et à toute notre reconnaissance, et le bienveillant appui que j'ai toujours trouvé dans ma difficile carrière d'artiste me ferait un devoir de me taire. Je ne puis donc ici et ne veux que leur exprimer ma profonde sympathie.

Merci à vous, hommes érudits dont j'ai mis les ouvrages à contribution : votre science et votre talent ont éclairé mon esprit et fortifié ma foi.

Paris, 1er décembre 1876.

SOCIÉTÉ LIBRE DES BEAUX-ARTS

ET

COMITÉ CENTRAL DES ARTISTES.

Séance du mardi 6 juin 1876.

....Il a été décidé par un vote immédiat qu'un concours d'archéologie et de littérature serait ouvert, pour l'année 1876, par la Société libre des Beaux-Arts. Voici la rédaction définitive du sujet proposé par M. Louis Auvray et adopté par la Société :

1° Depuis quelle époque l'art français peut-il être considéré comme supérieur aux écoles étrangères?

2° A quelles causes faut-il attribuer cette supériorité presque universellement reconnue ?

3° A quelles conditions l'art français pourra-t-il justifier et conserver cette prérogative?

Le jury sera composé de :

MM. E. Guillaume, C. ✻, directeur de l'École des Beaux-
Arts, membre de l'Institut ;

Le vicomte Henri de Laborde, O. ✻, secrétaire per-
pétuel de l'Académie des Beaux-Arts, membre de
l'Institut ;

Georges Lafenestre, chef du bureau des Beaux-Arts ;

Vinet, ✻, bibliothécaire de l'École des Beaux-Arts ;

(Ces messieurs seront priés d'accepter ces fonctions.)

Félix Clément, C. ✻, président de la Société ;

Louis Auvray, statuaire, vice-président de la Société ;

Alphonse Sage, littérateur, président de la classe de
Littérature ;

Martin S.-Léon, } vice-présidents de la même classe.
A. Cochin, }

Sur la proposition de M. Duval, l'assemblée décide que
les récompenses pour ce concours seront :

1º Un prix : Médaille d'or (fondation Du Bois) ;

2º Deux mentions honorables, représentées par la Médaille d'argent de la Société.

La séance est levée à dix heures cinquante minutes.

L'un des secrétaires adjoints,

Maurice A. Douay.

CONCOURS DE LITTÉRATURE

OUVERT POUR LES ÉCRIVAINS FRANÇAIS.

Année académique 1875-1876-1877.

Procès-verbal de la séance du jugement.

Le vendredi 1ᵉʳ juin 1877, à quatre heures après midi, les membres du jury du concours de Littérature ouvert par la Société libre des Beaux-Arts pour l'année académique 1876-1877 se sont réunis dans le cabinet et sous la présidence de M. Eugène Guillaume, statuaire, membre de l'Institut, directeur de l'École nationale des Beaux-Arts.

M. le Président a lu le programme du concours, et il a été établi que quatre mémoires avaient été adressés, selon l'indication de ce programme, à M. Félix Clément, président de la Société.

M. Félix Clément a lu une analyse succincte de ces mémoires, en vue d'en rendre le contenu plus présent à l'esprit des membres du jury, qui en avaient déjà pris connaissance ; et, après les observations diverses qui l'ont suivie, le jury a décidé que deux de ces mémoires devaient être écartés du concours : le premier ne traitant les questions posées sous aucun rapport, et le deuxième s'en écartant presque entièrement.

Il a été alors procédé au vote, au scrutin secret, sur la désignation des devises inscrites en tête des deux mémoires conservés.

La devise : *Travaillons !* a obtenu le prix.

La devise : *Timeo hominem unius libri*, une mention.

M. le Président, ayant ouvert les billets cachetés et vérifié la concordance des devises et des noms des concurrents, a proclamé comme lauréats, savoir :

Médaille d'or : M. Marquet de Vasselot, statuaire.

Médaille d'argent : M. Eugène-Antoine Guillon, peintre

Paris, le 1er juin 1877.

Le président du jury,

E. GUILLAUME.

Le président de la Société,

FÉLIX CLÉMENT.

Certifié conforme :

Le secrétaire du jury,

ALPHONSE SAGE.

DISTRIBUTION

DES RÉCOMPENSES DU CONCOURS.

DISCOURS DE M. FÉLIX CLÉMENT

Président.

Mesdames, Messieurs,

. . . .

. . . .

Toujours préoccupée de ce qui peut utilement fixer l'attention et exciter l'émulation des artistes et des esprits soucieux de la gloire et de l'honneur des arts, la Société libre des Beaux-Arts a consacré cette année académique en grande partie aux études ayant pour objet l'histoire de l'art français.

Nous avons choisi ce terrain de préférence, persuadés qu'il était opportun de rappeler nos titres de noblesse à ceux qui seraient enclins à les laisser prescrire et à ne pas revendiquer une portion d'héritage qui, celle-là, ne saurait nous être contestée.

Le mérite des mémoires soumis au concours que nous avons ouvert prouve que nous ne nous sommes pas trompés.

. . . .

. . . .

. . . .

. . . .

. . . .
. . . .
. . . .

Les mérites particuliers de l'art français ont été énumérés avec plus de développement dans le mémoire auquel le jury a assigné le premier rang. « La distinction, l'élégance, l'esprit, se joignent à la clarté, la vérité, la finesse dans l'ensemble des ouvrages qui constituent le patrimoine de notre art national. Lorsque l'artiste français est réaliste, il l'est d'ordinaire avec goût, choix, élégance ; il n'est jamais grossier. »

L'auteur a trouvé des mots heureux. *Le talent*, dit-il, *imite la nature ; le goût en inspire le choix. — L'art français*, dit-il encore, *a une idée dont la compréhension est facile.*

Sentant toute l'importance de la question soumise au concours, M. Marquet de Vasselot a divisé son travail avec méthode.

Il a rendu hommage et justice aux grands artistes du moyen âge, aux architectes de la Sainte-Chapelle, des cathédrales d'Amiens, de Reims ; à Robert de Coucy, à Jean d'Orbais, à Pierre de Montereau, à Hugues Libergier, à Robert de Luzarches, à Thomas de Cormont, à Jean de Chelles, à Eudes de Montreuil.

Plusieurs des personnes qui m'écoutent s'étonnent peut-être d'entendre retentir à leurs oreilles des noms si peu connus. Je les invite à les retenir, ne fût-ce que par patriotisme et par reconnaissance !... On sait, en effet, que la plupart des grands édifices construits en Europe, du XIIᵉ au XVᵉ siècle, l'ont été par des artistes français.

Les peintres français du temps de Charles V, Girard d'Orléans, Jean Coste, peintre du roi Jean ; les artistes Jean de Blois, Calart de Laon, Guillaume Josse, Philippe de Foncières, sous Charles VIII, n'ont pas été oubliés.

Jean Fouquet et Michel Colombe achèvent de prouver que l'école française existait bien avant l'invasion du goût italien de la Renaissance. Notre lauréat reconnaît que l'art français a perdu une partie de ses qualités au contact de cette influence, et il semble se rallier à la conviction d'autres écrivains qui voient un rétablissement de l'art français sous Louis XIII.

Le tableau de la rénovation de notre art national est tracé avec fermeté depuis Simon Vouet jusqu'à la fin du XVIIe siècle.

En traitant du XVIIIe, l'auteur ne s'est-il pas trop appesanti sur les ouvrages produits à cette époque pour flatter les vices d'une société corrompue? Il y avait encore des artistes qui soutenaient l'honneur de l'art français, quoique leurs compositions fussent moins goûtées de gens distraits et frivoles, ne s'occupant que de leurs plaisirs.

L'auteur s'est étendu longuement sur les peintres du XIXe siècle, et a écrit avec verve ce que généralement chacun pense sur les ouvrages de ces artistes, presque tous contemporains. Cette partie de la tâche était généralement facile.

Monsieur,

Par une de ces coïncidences qui donnent à des circonstances de la vie humaine un intérêt particulier en s'adressant à nos souvenirs, il se trouve que j'ai connu votre grand-père, et qu'en rappelant ici quelles ont été nos relations, c'est encore ajouter à l'honneur que vous recevez aujourd'hui.

Après avoir rendu, pendant sa longue carrière, des services publics, votre grand-père, plusieurs fois lauréat de l'Académie française, se sentit, à l'âge de quatre-vingt-quatre ans, profondément atteint dans ses convictions les plus respectables par le succès malheureusement populaire d'un livre célèbre. D'une main un peu tremblante, mais guidée par un esprit droit et ferme, il écrivit une réfutation de cet ouvrage. Elle ne forme pas moins de 4 volumes in-8º, et le manuscrit, qui m'a été légué dans son testament, est resté entre mes mains comme un témoignage admirable de ce que peuvent produire dans une âme fière le sentiment de sa foi outragée et l'indignation d'une conscience honnête.

Vous aussi, Monsieur, vous défendez vaillamment des principes. Ces principes sont ceux de l'art français, qui a conquis dans le monde une si incontestable renommée.

Saisissant l'occasion qui vous était offerte, vous vous êtes efforcé de faire prévaloir le spiritualisme dans l'art. Tout en louant la perfection technique, l'habile exécution matérielle, vous demandez qu'on les soumette à la pensée, à la composition, à une ordonnance intelligente, et parmi les sources principales d'inspiration que vous ne voudriez pas voir tarir vous avez nommé Dieu, la famille, la patrie !

L'art ne doit jamais descendre, dites-vous ; *il doit élever la foule jusqu'à lui. Il a pour mission d'élever et d'agrandir l'âme humaine.*

Je suis heureux de pouvoir dire, en terminant, que ces sentiments, ces convictions, la Société libre des Beaux-Arts fait plus que de les partager. Elle les encourage et elle s'efforce, dans ses concours annuels, de mettre en lumière tout ce qui tend à réaliser son idéal : la perfection du talent unie à l'élévation de la pensée.

Ire QUESTION

Depuis quelle époque l'art français peut-il être considéré comme supérieur aux écoles étrangères ?

Pour répondre d'une manière claire à cette question, nous avons cru devoir diviser notre réponse en trois chapitres

1° *Des premiers maîtres français. — De leur influence. — Causes de la décadence de l'art français ;*

2° *Des plus grands maîtres de l'école française ;*

3° *Renaissance de l'art véritablement français, de son influence, de sa supériorité sur les écoles étrangères pendant le XVIIIe et le XIXe siècle.*

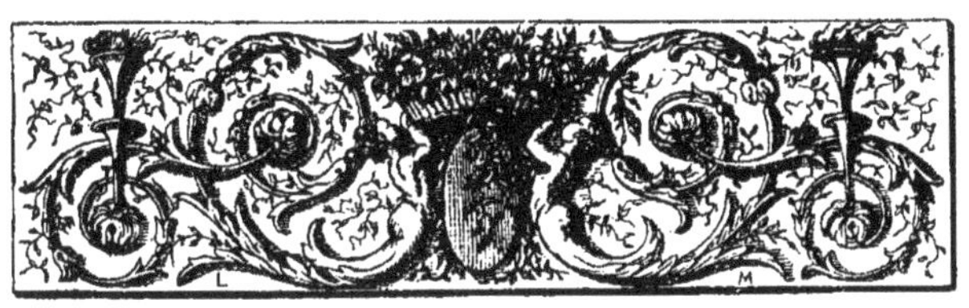

CHAPITRE Ier

DES PREMIERS MAITRES FRANÇAIS. — DE LEUR INFLUENCE.

CAUSES DE LA DÉCADENCE DE L'ART FRANÇAIS.

OTRE école française est, sans contredit, une des plus vieilles et l'une des plus vivaces écoles du monde. Elle s'est souvent modifiée, mais, malgré toutes ses transformations, elle a toujours conservé les qualités qui la caractérisent : la distinction, l'élégance, l'esprit; c'est ce qui fait qu'à différentes époques, elle a exercé une influence réelle sur les écoles étrangères, en architecture, en peinture, en sculpture.

M. Laurent Pichat, dans son ouvrage sur

l'Art et les artistes en France; M. Louis Dussieux, dans ses *Recherches sur les artistes français à l'étranger*, nous apprennent :

Que la cathédrale de Cologne a été copiée sur Notre-Dame d'Amiens et sur la Sainte-Chapelle de Paris, et que tous les architectes, tous les grands artistes en pierres vives, étaient Français, tels que :

Robert de Coucy, Jean d'Orbais, qui bâtirent la cathédrale de Reims; Pierre de Montereau, qui fit la Sainte-Chapelle; Hugues Libergier, Saint-Nicaise de Reims; Robert de Luzarches et Thomas de Cormont, la cathédrale d'Amiens; Jean de Chelles, Notre-Dame de Paris; Jean Langlois, Saint-Urbain de Troyes; Enguerrand le Riche, la cathédrale de Beauvais; Guichard (Antoine), Notre-Dame de l'Épine, en Champagne; Eudes de Montreuil, qui éleva plusieurs églises à Paris; Erwin de Steinbach, qui fit la cathédrale de Strasbourg.

A l'étranger, en Allemagne, les monuments gothiques sont dus à des artistes français : Matthieu d'Arras et Pierre de Boulogne construisent la cathédrale de Prague au

XIVe siècle. En Angleterre, la cathédrale de
Cantorbéry, qui date du XIIe siècle, est due à
Guillaume de Sens ; la cathédrale de Lincoln
a été également bâtie par un architecte français. En Suède, Pierre de Bonneuil construisit
la cathédrale d'Upsal, maître Jean est l'auteur
de la cathédrale d'Utrecht ; maître Hardoin
bâtit Sainte-Pétronne, à Bologne ; la cathédrale de Milan a occupé beaucoup d'artistes
français ; Richard Taurigny travailla à Padoue.

En Asie, nous retrouvons, après les Croi-
sades, l'influence de l'école française.

Beyrouth, Sidon, Saint-Jean d'Acre et les
autres villes syriennes de Ramla, d'Abou-Gosch
et de Jérusalem, conservent des monuments
gothiques que les Français y ont bâtis au
temps de leur domination.

Le maréchal duc de Raguse raconte qu'il
fut profondément ému en entrant dans la ville
de Rhodes. « La rue des Chevaliers est in-
tacte, écrivait-il ; la porte de chaque maison
est ornée des écussons de ceux qui les ont
habitées les derniers. Les armes de France,
les nobles fleurs de lis, se voient partout ; je

reconnus les armes des Clermont-Tonnerre et d'autres de nos plus anciennes et plus illustres maisons. »

L'on doit constater que, dès cette époque, la France apporte un grand développement dans toutes les différentes parties des arts, dans la sculpture monumentale, dans la sculpture sur bois et sur ivoire, dans l'orfévrerie, dans la peinture sur verre, dans la miniature, dans les émaux, dans la tapisserie, et enfin jusque dans la musique.

Le talent des ouvriers français jouissait d'une renommée universelle.

Nous lisons dans la chronique du Religieux de Saint-Denis que l'empereur Sigismond, pendant son séjour à Paris, en 1416, se plaisait à dire que les ouvriers français étaient, à son avis, les plus habiles de tous. Il en prit trois cents des plus capables et les envoya en Hongrie pour instruire ses sujets.

Chez nos princes, même encouragement pour les arts. Nous voyons le duc de Normandie allouer à un artiste 600 moutons d'or, soit 15,656 francs.

L'école française au XIVᵉ siècle compte déjà des artistes d'une valeur réelle.

Parmi les peintres, nous avons Girard d'Orléans (1343-1355), qui fit des tableaux pour Charles V et, bien avant Van Eyck, exécuta des peintures à l'huile et vernissées au château du Val de Rueil. Il fut suivi dans le même genre par Jean Coste, peintre du roi Jean.

Viennent ensuite Jean de Blois, qui travaille à l'Hôtel de ville de Paris ; François d'Orléans, à l'hôtel Saint-Pol ; Calart de Laon, à la chapelle des Célestins. Contribuèrent à la décoration de la même chapelle Guillaume Loiseau (1393) et Perrenier (1396).

Enfin Guillaume Josse et Philippe de Foncières travaillèrent aux peintures du Louvre sous Charles VII.

Et l'on dit que nous n'avons pas d'*école primitive !*

Partout, au contraire, les étrangers appelaient nos artistes.

Les Portugais et les Espagnols faisaient venir à grands frais nos verriers pour décorer leurs monuments.

Et cependant l'on a longtemps contesté notre influence : nos fameux émaux de Limoges, qui ont fait le tour du monde, étaient jusqu'en 1840 considérés comme byzantins.

Au XVe siècle, l'école française était illustrée par Jean Fouquet, l'un de nos plus grands artistes : l'on trouve chez lui le choix dans la composition, la pureté dans le dessin, la distinction dans l'expression des têtes.

Michel Colombe était un sculpteur des plus habiles ; on lui doit le tombeau du duc de Bretagne François II, dans la cathédrale de Nantes.

Par tout ce qui précède, on peut être convaincu que non-seulement nous avons eu des artistes remarquables dans toutes les parties de l'art, mais encore qu'ils ont eu une supériorité marquée sur les étrangers jusqu'à l'époque de l'invasion des Italiens. Du jour, en effet, où Charles VIII, Louis XII et François Ier firent venir des artistes d'Italie pour orner leurs palais... c'en fut fait du vieil art français.

A la veille de la Renaissance, au moment où déjà chaque pays cherchait à remplacer le gothique par un art nouveau, on voyait :

En Flandre, Van Eyck, Jean de Bruges, Mabuse et Memling;

En France, Jean Fouquet, Jean Perréal, Colin d'Amiens, Simon du Mans, Michel Colombe;

En Allemagne : Kranack, Holbein, Albert Dürer;

En Italie, Mantegna, Pérugin.

Mais lorque apparurent Léonard de Vinci, Raphaël, Michel-Ange, l'art fut porté à un tel degré de supériorité que l'influence de l'école italienne se fit naturellement sentir sur toutes les autres écoles. Comme le dit notre grand et si patriote historien Henri Martin, la peinture avait beaucoup à demander à l'Italie, mais avec mesure et discrétion. C'était des auxiliaires et des guides, non des maîtres, des conquérants, qu'il fallait appeler, et le choix de ces guides était chose grave.

A la suite de tous les artistes étrangers appelés par François Ier, notre peinture tomba dans un complet oubli, et à la mort des maîtres illustres de l'Italie nous ne trouvons plus que des pasticheurs, des petits maîtres de la décadence italienne.

Dans cette question grave de l'influence néfaste des écoles étrangères sur la nôtre, on ne saurait trop s'appuyer sur les grands écrivains qui ont étudié notre art national. C'est pourquoi je suis heureux de donner ici l'opinion d'Émeric David. « Ce serait, dit-il, une question neuve et bien digne d'examen que celle de savoir si les artistes italiens employés par François Ier à Fontainebleau, si les Rosso, les Primatice, les Cellini, dont le dessin systématique se ressentait déjà des erreurs qui de leur temps commençaient à entraîner l'Italie vers sa décadence; si ces maîtres, dis-je, n'ont pas égaré notre école au lieu d'améliorer ses principes, en l'induisant à abandonner sa manière simple et franche pour y substituer le style de convention qu'ils avaient eux-mêmes mis à la place de la grâce naturelle de Raphaël. Quant à moi, je crois qu'il est résulté de cette révolution un mal réel pour la France. »

Nous retrouvons la même appréciation chez M. Louis Dussieux, dont le jugement est toujours si plein de raison et de patriotisme.

« On suit volontiers, dit-il, dans ce naufrage de l'art français, la résistance de nos artistes, restés fidèles aux traditions, contre le style étranger. C'est en bas surtout que l'on retrouve chez les petits les précieuses traces de cette résistance qui a maintenu notre vieux goût et rendu possible, sous Louis XIII, l'éclatante renaissance de l'esprit français. »

Nous devons à la vérité de dire que nos architectes, comme Philibert Delorme, Jean Bullant et Pierre Lescot, ne furent pas de vulgaires imitateurs dans les édifices qu'ils construisirent : la disposition générale et les plans sont bien français, et, ce qui est curieux, c'est que, malgré la célébrité des Italiens, nos architectes continuèrent comme par le passé à élever çà et là des monuments à l'étranger.

Par la brillante liste de nos premiers maîtres peintres, sculpteurs, architectes, nous avons pu constater l'existence d'une belle et grandiose *école primitive* de l'art français.

Nous avons vu, par les innombrables et splendides travaux qu'ils ont exécutés à l'étranger, combien était grande l'influence de notre art national, et nous venons de prouver combien l'invasion des étrangers appelés par nos rois a été néfaste pour cet art français qui ne demandait qu'à se développer.

Maintenant nous arrivons au grand siècle de notre école, aux plus illustres artistes, peintres, sculpteurs et architectes français.

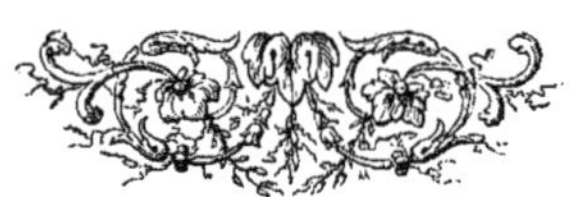

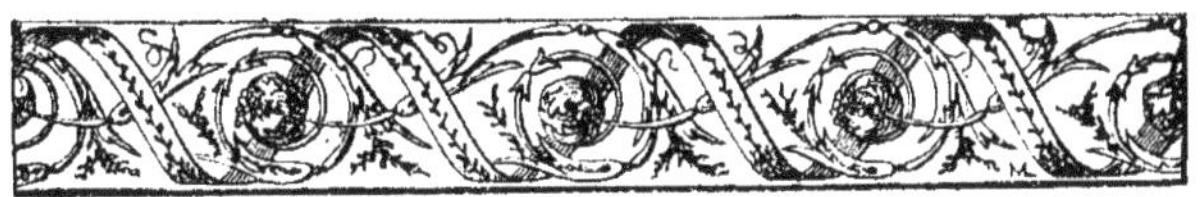

CHAPITRE II

E grand rénovateur de notre art fut *Simon Vouet,* qui joua un rôle immense dans l'école française. Il peut être considéré comme le point de départ de cette grande époque qui compte les Poussin, les Le Sueur, les Lorrain, les Valentin, les Jouvenet, etc., etc.

Simon Vouet (1590-1649) se rendit de bonne heure à Venise, étudia à Vérone, obtint un grand et immense succès à Rome, et fut le peintre de la famille Doria et du cardinal Barberini.

Nous devons cependant lui faire le reproche de s'être laissé entraîner, par suite de sa grande facilité, à la manière du Caravage. Par ses raccourcis, par ses effets insensés de perspective, par des tours de force cherchés, il arrive à perdre ses qualités françaises.

Simon Vouet, fondateur d'une grande école où se fit l'enseignement académique de l'art, parvint à détruire à tout jamais l'influence de l'école de Fontainebleau; mais il manqua de la plus grande et de la plus belle des qualités de l'artiste français : *il manqua de sentiment.*

A cette époque, la France, protégée de Dieu, eut un éclat immense dans la philosophie, dans les arts, dans la politique. La richesse du pays, le luxe de la noblesse, de la magistrature, des financiers, fit sortir de terre, à la place des châteaux forts, des palais somptueux, des hôtels merveilleux.

Avant de passer en revue tous les grands artistes qui illustrèrent le XVIIe siècle, mon cœur français, mon âme d'artiste, m'imposent le devoir de parler avant tout, et devant tous, de ce trio d'hommes immortels qui se nomment Poussin, Le Sueur, Claude Lorrain. Saluons les trois plus grands peintres de l'école française.

Le premier a rêvé les temps héroïques de la grande Grèce; le second a été illuminé par

la foi divine du christianisme ; le dernier, eni‑
vré par .a belle et grande nature, a vécu avec
Daphnis et Chloé, a étudié la nature avec les
bergers de Virgile.

Ces artistes n'étaient pas des courtisans, ils
ne vivaient pas à la cour, ils ne tenaient pas à
vendre leurs œuvres.

Ils étaient bien pénétrés de ce que nous dit
M. Charles Blanc dans son histoire du Poussin : « Oui, c'est pour le plaisir des hommes
qu'il faut peindre, c'est pour les enchanter, les
émouvoir, les ravir ; mais ces ravissements,
cette émotion, doivent être d'un ordre élevé.
L'homme ne doit se complaire qu'au spectacle
des héros agissants, à la représentation des
grands drames humains, où l'esprit trouve à
s'amender, le cœur à s'attendrir. »

Je ne puis faire ici, dans ce cadre restreint,
l'histoire du Poussin, de Le Sueur, de Claude
Lorrain ; je parlerai seulement des qualités de
chacun d'eux et de l'influence qu'ils exercèrent
sur l'art français.

Le Poussin se distingua par une grande élévation dans le choix et les compositions de ses

sujets, une grande distinction dans les formes; une belle et noble pensée préside à tout. Chez lui, l'âme veille sur le cœur, la tête dirige le cœur et guide la main.

Le Sueur, ce vieux peintre français, satisfait notre pensée par la distinction de la forme; sa simplicité nous élève à une haute poésie.

Si vous voulez connaître Le Sueur, lisez ces quelques lignes écrites par un homme impartial, dont les idées en pareille matière ne peuvent être suspectées, M. L. Pichat :

« Le Sueur fit en trois années la Vie de Saint Bruno, qui forme vingt-deux tableaux. Qu'importe l'argent? l'artiste se fit aider par ses deux frères et son beau-frère. Cette simplicité, le style chaste, cette pureté, frappèrent les regards. On n'osa se prononcer, pour ainsi dire : on se fût récrié devant des efforts de scène et des effets matériels habilement exécutés. L'expression naïve du beau frappe le jugement d'effroi.

« L'idée chrétienne semble renaître pacifique et sereine...

. . . .

« Ce ne sont pas le triomphe éclatant des

peintures de Raphaël, les vierges coquettes, le catholicisme rayonnant un peu mondain à la forme italienne, où le pinceau dit tout avec amour, avec chaleur. Raphaël a peint la beauté de la femme sous des formes qu'il a appelées des Vierges, comme Racine développa l'étude des passions féminines sous des individualités qu'il nomma des reines.

« Le Sueur choisit le moine, l'ascétisme, le silence. »

Nous ajouterons, pour conclure : l'artiste croyait honnêtement, simplement ; il est bien français, sans exagération, religieux, souvent vrai, réel, idéal.

Français aussi ce grand paysagiste Claude Lorrain, qui sut mettre tant d'air, tant de lumière dans ses compositions, avec une puissance et une élégance moins réaliste, mais plus riche que les Hollandais. Sa belle Lorraine ne l'a jamais quitté ; on la retrouve partout avec sa naïveté, sa mélancolie : c'est la muse du grand artiste.

Lorrain eut des débuts malheureux ; il supporta les plus grandes épreuves...

« Passe et vis si tu peux, misérable artiste !
nous dit M. L. Pichat. Hélas ! c'est qu'il y en a
qui meurent à la peine ! Qui écrira ces longues
litanies du désespoir, afin que ceux qui cèdent
sous le fardeau retrouvent de l'énergie devant
ces angoisses ?...

« Leurs stations sont toutes les mêmes, à ces
crucifiés de l'art; et puisque l'âme de leurs contemporains est fermée, qu'ils se nourrissent de
douleurs et d'injustice et se fortifient en regar-
dant la *Voie sacrée,* où l'on marche en triomphe
à travers des tombeaux. »

Ce qui sauva Lorrain, ce fut la rencontre à
Rome du Poussin. Ces deux âmes d'élite se
soudèrent ensemble, pour ainsi dire. Poussin
apprit à Claude Lorrain la perspective, l'architecture, que celui-ci ignorait, ne voulant avoir
d'autre atelier que les champs, d'autre maître
que le soleil.

L'influence que l'art français avait eue au
XVIe siècle reparut. Simon Vouet ouvrit à
Rome une école qu'il dirigea de 1612 à 1627.
Étaient à Rome en même temps que lui : Va-
lentin, Stella, Charles Mellin, Courtois, Pous-

sin et Claude Lorrain. C'était une invasion à Rome de nos maîtres les plus illustres qui se répandirent dans les grandes villes de l'Europe.

Nous trouvons, à Turin, Blanchard ; à Venise, Giron, Noël Cochin et Michel Sableau ; en Pologne, La Hire le père ; en Suède, Sébastien Bourdon. Jacques Sarrazin et Auguier font des statues en Italie et en Angleterre.

Callot fait des chefs-d'œuvre à Florence ; Thomassin fonde une école de gravure à Rome.

Le mouvement continua avec Louis XIV, lorsque, à la mort de Mazarin, celui-ci prit la direction des affaires. « Gouvernant presque seul, il mit partout l'empreinte de son goût, dans la politique, dans la religion, dans les mœurs, dans les arts et dans les lettres. » (Cousin.)

Le roi chercha un homme qui fût dans les arts ce que lui-même était dans l'État. L'homme qui était digne de lui, c'était Le Brun. Aussi Le Brun fut-il un vrai dictateur, qui gouverna en véritable autocrate toute l'école française.

Nous allons suivre pas à pas les grands artistes de ce grand siècle.

D'abord Mignard, qui fit la coupole du Val-de-Grâce, la galerie d'Apollon; qui fut l'ami de Scarron, de Boileau, de La Fontaine, de Racine, et eut l'honneur d'être célébré par Molière. Il fit dix fois le portrait de Louis XIV. Tous les grands personnages posèrent devant lui : le cardinal de Retz, Mazarin, Bossuet, Urbain VIII, le Bailly de Valencey, les cardinaux de Médicis et d'Este, la signora Olympia, Innocent X, Alexandre VII, Turenne, Ninon de Lenclos, La Vallière, Fontanges, Maintenon, Marie-Thérèse, etc., etc.

Le Brun fut le grand organisateur de toutes les constructions, de toutes les décorations : la galerie d'Apollon, les salons de Versailles, tout fut fait sous sa direction. Il fit un nombre incroyable de peintures monumentales : *la Famille de Darius*, les batailles d'Alexandre, peuvent attester de la puissance du peintre ; il fut le directeur des Gobelins. Un mot de critique seulement : cet artiste était froid, compassé, officiel.

Vivaient en même temps que Le Brun et Mignard, Claude Lefèvre, cet artiste qui fut une de nos grandes gloires, qui avait un caractère si français ; François Detroy, Hyacinthe Rigaud, Largillière et Vivien, puis Monnoyer, dit Baptiste, et Meusnier, le peintre d'animaux Desportes, Van der Meulen et Joseph Parrocel, peintres de batailles.

C'est aussi l'époque du grand Callot. Mais il demeura dans son temps et regarda plus près de lui que les autres artistes. « Il chercha la vie, le fourmillement des foules ; il examina les gueux, les pannonteux, les bohémiens, avec lesquels il a vécu, les loques brodées de trous, les manteaux râpés aux franges de guenilles, les comédiens nomades, les estropiés, les bossus, les types grotesques, les fantaisies burlesques, les drôleries vaillantes : Scarron du crayon, sobre comme La Bruyère, net comme Boileau. Français par sa méthode un peu sèche de procédés, il représente l'esprit du burin, le rire de la Ligue; moins large que Dürer et Rembrandt. On ne rêve pas devant ses dessins. » (Laurent Pichat.)

« Prenez Callot, prenez Rembrandt, » dit Michelet. Rapprochement ridicule, direz-vous, et vous aurez raison : autant mettre le sable et le caillou d'un petit torrent sec en présence d'un océan. N'importe, regardez, étudiez le Français; que dit-il de sa fine pointe, de son burin microscopique? Il dit ce qu'il a vu dans sa vie de bohème : la cour, les fêtes et la famine...

« Les ruses de la misère, l'universelle hypocrisie, les engagements des soldats, des tueries et des scènes inouïes de pillage, des supplices, surtout la corde du pendu, ce sujet éternel où ne tarit pas la gaieté française.

« Ah! pauvre peuple gai, que je te voudrais donc un peu de l'intérieur du doux foyer aux chaudes lueurs que j'aperçois chez l'autre, les deux bonheurs de la Hollande : la famille, la *libre pensée !* »

Valentin continue la série de nos grands artistes. Il se mêla au peuple et en fit l'histoire comme les frères Le Nain. Eux aussi ne connurent ni Rome ni l'Italie. Puis arrivent Stella, Noël Coypel, Antoine Coypel et Nicolas Coypel, puis Charles Coypel, toute la dynastie des Coypel; Jacques Blanchard, Laurent de la Hire. Mais tous ces artistes sont déjà loin de la nature : l'habileté de main commence à être le principal attrait de notre école.

A côté de Van der Meulen, qui fut le peintre *par ordre* de Louis XIV, nous trouvons un des grands peintres de l'école française, Jouvenet, né à Rouen, artiste surtout remarquable par la vigueur de son coloris, sa composition bien française. C'est le dernier grand peintre du siècle; et, comme le dit avec tant de justesse un des hommes que j'ai beaucoup cités et qui a bien compris cette époque, M. L. Pichat, « malheur à l'homme d'un talent supérieur s'il est seul au milieu d'un temps où le goût général est gâté ! Il n'a pas le génie qui s'impose, et la place qu'il occupe est toujours solitaire, en dehors et gênée ; il ne se rattache à aucun de ses rivaux, et il est, pour ainsi dire, étouffé par cette foule qu'il n'a pas eu la force d'écraser. »

Après Mignard, nous avons deux grands portraitistes : H. Rigaud et Largillière.

Rigaud a fait tous les artistes de son temps : Girardon, Coysevox, Coustou, Desjardins, Séb. Bourdon, Claude Hallé, Mansart, etc., etc.

Il fit aussi La Fontaine et Boileau, Fléchier et Bossuet, Conti et Louis XIV.

L'école française a certainement à cette époque une supériorité incontestable, même à l'étranger.

Nous trouvons à Vienne Louis Dorigny, Ignace Parrocel; Vivien est à Cologne; Noël Jouvenet, à Brunswick; Gascar de la Fosse, Baptiste, Rousseau, Largillière, Parmentier, Laguerre, en Angleterre; d'Agar, en Danemark; Olivier Dauphin, à Bologne; Pierre de Sparvier, à Florence; Terrand, à Turin et à Gênes; Desportes, en Pologne; Évrard Chauveau, en Suède, et Caravaque, en Russie.

Avant de passer aux artistes du XVIII⁰ siècle, je dois à mon art de dire un mot des grands sculpteurs qui illustrèrent le règne de Louis XIII et celui de Louis XIV.

Nous avons sous Louis XIII des artistes qui sont bien français :

Les deux Auguier et Jacques Sarrazin, qui fut un des fondateurs de l'Académie de peinture et de sculpture.

Le premier de nos sculpteurs, Puget, sut

résister à l'influence de Le Brun. Il se contenta d'être un grand artiste et il vécut retiré à Marseille. Girardon et Coysevox travaillèrent au mausolée du cardinal de Richelieu.

Jamais, à aucune époque, on n'eut autant de sculpteurs habiles.

Les sculpteurs français vont par toute l'Europe : Puget travaille à Gênes ; La Mer, Onorato (ou Honoré), Lacroix, Claude David, vont à Rome, à Gênes, ainsi que Legros et Théodon ; Jean Champagne, Michel Maille, Étienne Monnot et Villerme, à Cassel ; à Berlin, nous trouvons Hulot et Charpentier ; à Dresde, François Coudray et son fils Pierre Coudray ; en Angleterre, Le Marchand ; en Danemark, Lamoureux ; en Suède, René Chauveau, premier sculpteur du roi de Suède ; en Russie, Nicolas Pinault.

Je m'arrête : il est suffisamment prouvé que la France a eu à cette époque des gloires qui rayonnaient dans tous les pays.

Pour répondre d'une manière convenable à la question de savoir depuis quelle époque l'art français avait une supériorité sur les autres pays, nous devions faire un résumé de l'histoire de nos premiers maîtres, et ensuite montrer que déjà sous Louis XIII et sous Louis XIV nous commencions à avoir avec nos grands artistes une supériorité marquée et une influence incontestable sur les autres écoles. Cette *influence*, je ne dis pas cette *supériorité*, ira en croissant pendant tout le XVIIIe siècle : nous allons le prouver dans le chapitre suivant.

CHAPITRE III

IL y a de par le monde un pays privilégié où les femmes, avec un morceau de ruban, un bout d'étoffe, un rien, arrivent à rivaliser avec les plus belles créations de la nature. Ce *rien*, qui est cette chose subtile qui semble le sourire du contour, qui électrise la nature, qui rayonne spirituelle et enivrante, qui absorbe son entourage, enfin qui donne de l'esprit, de la distinction à tout ce qui l'entoure; ce *rien*, dis-je, qui fait que le goût, la mode, que les productions artistiques ne se rencontrent que dans un seul pays, ce *rien*, c'est l'esprit de la France, c'est Watteau, son siècle; c'est le XVIII⁰ siècle et le nôtre. » (De Goncourt.)

Personne n'a su au monde, dans n'importe quelle école, rendre toutes les séductions de la femme comme les artistes français du XVIII⁰ siècle : la langueur, la paresse, l'abandon, les adossements, les allongements, les nonchalances, la cadence des poses, le joli air de profil penché sur ce que M. de Goncourt appelle les *gammes d'amour;* puis les retraites fuyantes des poitrines, les serpentements et les ondulations, les souplesses du corps féminin et le jeu des longs doigts sur le manche des éventails, et les indiscrétions des hauts talons dépassant les jupes, et les heureuses fortunes du maintien, et la coquetterie des gestes, et le manége des épaules, et tout ce savoir que les miroirs du siècle dernier ont appris à la femme, la mimique de la grâce! Elle vit en Watteau avec sa fleur et son accent, immortelle et fixée en une épreuve mieux vivante que ce sein de la femme de Diomède moulé par la cendre de Pompéi.

Nous allons donc entrer en plein dans la question de savoir depuis quelle époque l'art français peut être considéré comme supérieur aux écoles étrangères. Et c'est un jeune enfant, fils d'un couvreur de Valenciennes, c'est Antoine Watteau qui va être le chef de cette école qui donne des directeurs français à toutes les Académies du monde :

A l'Académie de Vienne, Jacques Van Schoppen.

Dans le Palatinat, Fratel, Antoine Pesne, Nicaise Blaise, Le Sueur, directeurs de l'Académie de Berlin ; à Berlin aussi, Amédée Vanloo. Sont directeurs du Musée de Dresde Louis de Silvestre et Charles Hutin. Nous n'en finirions pas s'il nous fallait reproduire toute la liste que nous donne M. Dussieux.

Citons encore cependant Oudry, qui fit à Paris trente-sept tableaux pour le duc de Mecklembourg ; J. Fr. Detroy, Cazes, Pierre, Carle Vanloo, peintres ordinaires du roi de Prusse.

En Angleterre, c'est Watteau, J. B. Vanloo, Dominique Serres et Loutherbourg.

En Espagne, c'est Michel-Ange Houasse, Ranc, Louis-Michel Vanloo et Olivier.

En Hollande, Aved; en Italie, nous avons à Livourne Rivière, Favray à Malte; Adrien Manglard, Trémollière, Subleyras, à Rome; Carle Vanloo, Laurent Pescheux, à Turin; en Portugal, Quillard; en Russie, Robert le Lorrain, Lagrenée l'aîné; en Suède, Thomas-Raphaël, Taraval; en Danemark, Tocqué. La Chine elle-même compte deux peintres français : les pères jésuites Belleville et Attiret.

Je ne veux pas être sévère pour cette époque, à laquelle on doit certainement la décadence de notre art, et je dirai avec M. L. Pichat : « La grâce et l'esprit se font tout pardonner dans notre France, qui aime tant l'anecdote et les fêtes, le plaisir et l'insouciance. Il nous semble bien dur de frapper l'élégance même et d'accuser un représentant direct du caractère national : toucher à cette muse enjouée et rieuse, c'est comme si l'on battait une femme. »

A la mort de Le Brun, nous voyons tous nos artistes, peintres, sculpteurs et architectes, chercher à se débarrasser de l'art officiel.

Le Roi-Soleil est mort; morts aussi sont ses rayons. Nous entrons dans l'art des pastorales, des boudoirs. Gillot nous donne les fêtes galantes; Watteau, les conversations; Boucher les petits soupers... Tout est fin, spirituel. Quelle merveilleuse couleur! Nous avons Lemoine, qui se ressent encore du grand siècle et doit être classé parmi nos grands peintres français.

Son élève, Boucher, s'ennuie en Italie et trouve l'antiquité absurde, Raphaël et Michel-Ange ennuyeux. Ce peintre des marchandes de modes, des chiffons, sait rendre les femmes indécentes en les habillant.

Voilà l'art qui a une supériorité sur les écoles étrangères! voilà l'art qu'il fallait à cette époque de corruption, à ce roi Louis XV qui voulait voir tout en rose : rubans, narines, oreilles, seins, lèvres et ongles !

Diderot disait de Boucher : « Cet homme a tout, excepté la vérité... C'est un vice si agréable !... » En parlant de sa manière de voir la nature, le grand critique disait : « Il met toujours du persil sur les arbres. »

Comme nous n'avons ici qu'à juger les artistes qui ont le plus répandu notre influence à l'étranger, nous devons à Boucher — et c'est ce qui a été malheureux au point de vue de l'art — d'avoir développé notre influence à l'extérieur.

Il personnifie le XVIIIe siècle.

L'idéal de Boucher, c'est le plaisir, la volupté. C'est un artiste du boulevard, des coulisses; il n'a de l'imagination que dans l'indécence; ses contours sont caressés par une imagination toujours en ébullition : c'est une perpétuelle excitation à la débauche. Mais comme il sait rendre les scènes d'amour! comme il connaît Vénus!... Sa Vénus, à lui, c'est l'incarnation du désir et du plaisir.

Comme ses petits enfants sont roses et mignons avec leurs fossettes!

Un passage de M. de Goncourt donnera mieux l'idée de l'œuvre de Boucher que tout ce que l'on pourrait voir du maître : « Il disperse leur bande, il les rassemble, il donne à tous la volée, il les jette nus et polissonnant sur la nue... joufflus, les cheveux frisés et leur volant au front en gros accroche-cœurs, leurs larges prunelles souriant à travers leurs grands cils, le petit nez au vent, la bouche en cul de poule, le menton fendu par une fossette... »

Malgré tout cela, malgré le grand engouement que les critiques mêmes ont eu pour ce grand peintre, nous ne devons pas, nous ne pouvons pas avoir une admiration commandée.

Boucher n'a jamais été que le premier peintre d'une courtisane.

Le jugement sans appel sur le peintre de Mᵐᵉ de Pompadour est celui de Diderot. Il regarde ses œuvres et dit :

« Des grâces empruntées à la Deschamps... des mines, de l'afféterie... rien que des mouches, du rouge, des pompons... des cueillettes, des satyres libertins, des petits bâtards de Bacchus et de Silène... la dégradation du goût et de la couleur, de la composition, de l'expression, du dessin... l'imagination d'un homme qui passe sa vie avec les prostituées du plus bas étage... »

A la suite de cette pléiade des maîtres du XVIIIe siècle qui ont porté le nom de la France aux quatre coins du monde, nous devons parler de Chardin. Ce fut le plus grand peintre de nature morte de l'école française. Quel aspect de vérité, quel enchantement touchant des choses sans intérêt, quelle profondeur, quel air il y a dans ses scènes d'intérieur ! quelle gamme douce et tendre ! Et ses gris incomparables ! Tout est d'un maître dans ses moindres toiles.

Et, comme le dit M. de Goncourt, « c'est là le miracle des choses que peint Chardin. Modelées dans la masse et l'entour de leurs contours, dessinées avec leur lumière, faites pour ainsi dire de l'âme de leur couleur, elles semblent se détacher de la toile et s'animer par je ne sais quelle merveilleuse opération d'optique entre la toile et le spectateur, dans l'espace. »

Chardin fut bien Français... Depuis Abraham Rosse et les Le Nain, nous n'avions plus eu de peintres de scènes de famille. La gravure lui donna une immense popularité dans toute l'Europe du XVIIIe siècle, *si remplie de notre art, amoureuse de notre génie : l'Europe française,* ainsi nommée par Caraccioli.

Et Latour! Latour fut un grand artiste, quoi qu'en dise Diderot. « J'ai vu peindre Latour, disait ce critique : il est tranquille et froid, il ne se tourmente pas, il ne souffre point, il ne halette point, il ne fait aucune de ces contorsions du modeleur enthousiaste sur lequel on voit se succéder les ouvrages qu'il se propose de rendre et qui semblent passer de son âme sur son front, et de son front sur la toile et sur la terre.

« Il n'imite point les gestes du furieux, il n'a point les sourcils relevés de l'homme qui dédaigne, le regard de la femme qui s'attendrit ; il ne s'extasie point, il ne sourit pas à son travail : il reste froid. »

Et Lancret! On ne trouverait peut-être aucun peintre qui ait reproduit plus fidèlement que lui la physionomie de son époque. « Il s'est rapproché des convenances, des mœurs et des coutumes bien plus que Watteau, bien mieux que Pater, entre lesquels nous le placerons » (Ch. Blanc).

Citons aussi L. Tocqué, J. B. Pater, né à Valenciennes, compatriote de Watteau. Il excella dans les scènes de cabinet et fit des compositions pour *le Roman Comique*. Il fut aussi nommé le *peintre des fêtes galantes*.

Nous ne pouvons faire ici l'histoire des peintres, nous passerons donc rapidement sur les artistes qui vont venir, même les plus grands ; et nous ne donnerons qu'un faible aperçu sur chacun d'eux.

Greuze, le peintre sentimental qui était attendri par les douces joies de la famille.

Fragonard, qui eut pour maîtres Chardin et Boucher et se rapprocha des deux. Son œuvre est considérable : il a peint, dessiné et gravé.

J. B. Nattier, le peintre des étoffes et des jolies femmes.

Lantara, le joyeux compère dont le pinceau était aussi habile à représenter les corsages débraillés que les jupes relevées.

Enfin, le dernier, Casanova, qui fut un peintre de batailles et liquida la vieille gloire du XVIIIᵉ siècle.

Nous mentionnerons encore Vien, qui fut le chef de notre école moderne classique. Nous citerons dans la foule d'élèves qu'il forma : Regnault, David, Vincent, Ménageot, Savée, Taillasson, etc., etc., et nous nous trouverons en pleine réaction. Nous arrivons à Louis David, qui, lui aussi, eut une grande influence à l'étranger, mais qui malheureusement fit une révolution au lieu d'une réforme.

Notre influence existait encore, car Mme Lebrun faisait des portraits à Vienne, à Berlin, à Londres et à Saint-Pétersbourg. Joseph Vernet faisait des marines dans toute l'Europe, et nous voyons successivement Nicolas Guibal à Stuttgart, Danlaux en Angleterre, Desmarets en Toscane, Norblin en Pologne, Delapierre, Lagrenée, Maurice et Doyen en Russie; Masrellée et Després en Suède, enfin Joseph Collard à Genève.

« David, nous apprend M. L. Pichat, était noble et fier, chef d'école hautain dans la défense des principes, savant dans son art. Il donna une secousse aux mœurs et aux cos-

tumes : vêtements, mobiliers, tout se met à la
mode romaine. »

David fut un artiste froid, et tous ses sujets
posent. Rien en lui n'est français : plus de
vérité, plus de souplesse ; il fait de grandes
toiles et ne rend que de petits effets. Il n'a été
célèbre que dans ses élèves, dont les plus
remarquables sont : Girodet, Drouais, Gros,
Gérard, Isabey, Ingres, Léopold Robert,
Granet, etc.

Il est, lui aussi, le peintre officiel. Après
avoir réglé et ordonné les fêtes de la Révolution, quand Napoléon Ier est sacré empereur,
c'est lui qui est chargé de faire une toile en
souvenir de cette solennité. C'est aussi lui qui fit
à la même époque le portrait du pape Pie VII.

Constatons avec bonheur que ces toiles de
David sont admirables : couleur vraie et lim-
pide, grande pureté du dessin ; elles possèdent,
sous ce rapport, toutes les qualités françaises.

Malheureusement, si David nous laissa dans
ses élèves de *grandes artistes*, on doit dire
qu'il eut une influence malheureuse sur l'art
de son époque, et il fut suivi d'une quantité

innombrable de peintres médiocres qui
n'avaient hérité que de ses défauts, et encore
en les exagérant.

Il arriva ce qui était inévitable : une nouvelle
réaction, réaction qui replace, dès le début,
notre école de peinture au premier rang,
*non-seulement comme influence, mais comme
supériorité réelle.*

« La nombreuse école de David, dit M. De-
lécluze en rendant compte de l'Exposition
universelle de 1855, se composait non-seulement d'élèves français, mais de ceux qui vinrent
de toutes les parties de l'Europe pour recevoir
les leçons et se pénétrer des principes de ce
maître.

« Vers 1800, on voyait dans son atelier
Kraft le Suédois, Skwekle et Frédéric Tieck,
l'un Allemand et l'autre Prussien, ainsi que les
deux peintres espagnols Aparicio et don José
Madrazzo et le sculpteur Alvarez, qui se sont
fait un nom dans leur pays en y reportant les
principes qu'ils avaient puisés à l'école du
peintre français. »

Serangeli, de Milan, Bartolini, le sculpteur

florentin, étaient aussi les élèves distingués de David; et, parmi les Belges, on compte Grégorius, Odoviere, Navetz, Polinck, Molle, Stapleaux et Madou.

A ces artistes on peut ajouter le Grec Bulgari, le Genevois Reverdin, Auriol, Agasse, le Milanais Appiani, le peintre de Stuttgart Wæchter, le graveur Brandt, de Berlin; le peintre prussien Guillaume Wach, qui devint chef d'école à Berlin; enfin le sculpteur, Prussien aussi, Wichman.

Au Salon de 1819 apparaît le *Radeau de la Méduse* de Géricault, le grand et immortel peintre.

« Le nom de Géricault restera comme celui d'un réformateur, et cependant il n'est pas allé aux extrêmes; son style a été ferme, accentué, parfaitement reconnaissable. » (Ch. Blanc.)

Le Salon de 1822 nous donne Delacroix, le grand chef de l'école romantique.

« Delacroix fut un coloriste incomparable, nous dit M. Charles Blanc, un penseur aux inventions distinguées et abondantes, un décorateur splendide et passionné, mais il ne fut que cela. »

Il était instruit et composait admirablement. Poëte et historien tout à la fois, il avait une manière grandiose d'envisager les sujets qu'il traitait.

Delacroix, à l'inverse de M. Ingres, invente sa forme pour sa couleur ; Ingres, lui, invente sa couleur pour sa forme.

« La couleur est relative et changeante, la forme est absolue et soumise à des nécessités invariables. » (Ch. Blanc.)

Cette époque de révolution artistique devait fatalement arriver, car, ainsi que le dit Ary Scheffer dans son Salon de 1828 :

« Cette période de cinquante ans (de 1778 à 1828) embrasse la vie entière de l'école classique, depuis sa naissance, au sein d'une réaction contre le faux goût, la futilité, l'incorrection et l'indécence, jusqu'à sa décrépitude...

« En fait d'art, on peut retourner en arrière : on ne recule pas de trente ou quarante ans.

« Dès qu'une école est tombée au-dessous

d'elle-même, il n'est pas donné à celle qui la suit de ramener les beaux jours de la première : c'est une nouvelle ère qui commence, une nouvelle génération qui s'élève pour suivre les mêmes phases que celles qui l'ont précédée, pour subir les mêmes vicissitudes de faiblesse, de vigueur et d'épuisement. »

C'est l'époque des Johannot, des Roqueplan, des Léopold Robert, des Schnetz, des Paul Delaroche, d'Horace Vernet et d'Ingres; puis viennent Granet, Marilhat et Charlet, qui sont bientôt suivis de Decamps, Meissonier, Théodore Rousseau, Diaz, Raffet, Philippe Rousseau, Troyon, Rosa Bonheur, Corot, etc., etc.

Ce n'est là qu'une partie de la longue liste des maîtres français dont nous devrions parler ici; mais beaucoup vivent encore, et la critique est difficile à formuler et surtout à faire accepter : nous préférons nous en tenir aux artistes de la première période du XIXᵉ siècle.

Pour nous résumer et conclure, nous répéterons que depuis le XVIIᵉ siècle nous avons eu une influence réelle sur les écoles étrangères;

qu'au XVIIIe siècle elle a été presque universelle et l'action française immense.

Au XIXe siècle nous avons eu non-seulement
une influence considérable, mais une prééminence incontestable.

Cette supériorité étant donnée, le caractère
de *l'artiste français* ne doit et ne peut que s'ac-
croître.

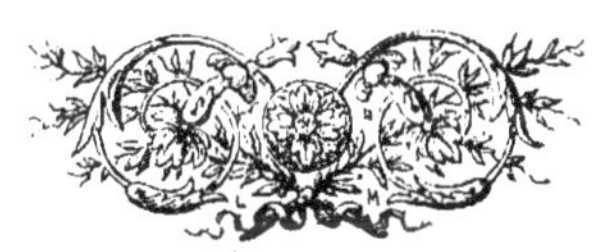

IIe QUESTION

*A quelles causes faut-il attribuer cette supériorité
presque universellement reconnue?*

IIᵉ QUESTION

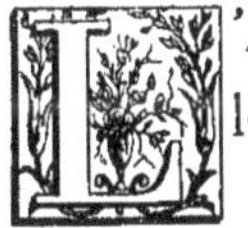'ART français doit sa supériorité sur les autres écoles :

A ses qualités personnelles,

A la variété dans son style, dans sa composition, dans ses couleurs.

Sa supériorité sur les écoles étrangères a été maintenue, on doit le dire, par l'influence exercée sur les autres pays par sa politique et sa littérature. En un mot, la France étant par excellence le pays du progrès, les autres peuples aiment à la copier.

De là est venue naturellement la décadence des écoles étrangères.

L'école française, depuis plus d'un siècle, est seule restée debout, toujours grande et intéressante par les efforts qu'elle fait perpétuellement pour se perfectionner.

Tour à tour elle a été célèbre dans tous les genres. Nous parlerons d'abord de ses qualités personnelles.

L'art français est essentiellement exact. La vérité, la clarté, la finesse, sont ses qualités : dans ses moindres productions il rend la chose d'une manière vraie et toujours élégante.

Il est réaliste avec goût, avec choix et élégance, toujours avec une grande noblesse de forme. Il est nature, il possède une vérité qui n'est jamais exagérée.

Les frères Le Nain nous en donnent un grand exemple : quel amour du vrai ! comme c'est grand par la naïveté !

Par la science du dessin, il charme notre œil ; notre cœur est satisfait par l'élévation de sa riche composition.

Il possède cet *humour* qui caractérise tant

notre beau pays, et qui fait croire aux étrangers que nous sommes incapables de pensées sérieuses, lorsque c'est précisément là notre plus grande qualité : nous donnons de *saines satisfactions d'une manière gaie et agréable* aux âmes les plus élevées.

Notre art est poli, spirituel ; jamais il n'est grossier ni raide, ni ennuyeux ; il est franc, ouvert comme notre caractère, brillant par sa couleur, élevé par le sentiment qui préside au choix du sujet, souvent grand par l'ordre et la composition.

Il a les défauts et les qualités des Français : dominé souvent par la fougue d'une imagination trop féconde, trop violente, il laisse à désirer par le côté mécanique de l'art, par le procédé, dont l'artiste français ne se préoccupe pas toujours assez.

Poussin, notre plus grand peintre, nous donne lui-même les lois organiques de notre art lorsqu'il dit : « Le sujet doit toujours être noble et favorable à l'expression de la beauté.

« Il faut commencer par la disposition et finir par l'ornement, mettant la beauté, la grâce, la vivacité, la vraisemblance et le jugement partout.

« Ces dernières parties ne se peuvent enseigner, c'est le rameau d'or de Virgile, que nul ne peut cueillir s'il n'a été conduit par le destin. »

Et comme le dit fort bien un des écrivains les plus considérables de notre époque, M. Charles Blanc, « ce qui caractérise l'art français, c'est la netteté, la franchise de l'action ; c'est bien divisé, bien entendu, et sans confusion. »

Les artistes français ont le goût de l'élégance, ils ont une grande facilité à donner à chacun son allure vraie, sans exagération; ils savent insister sur les traits distinctifs du caractère, sur les effets que trahit une noble et grande pensée; ils résistent à la mise en scène théâtrale, ils évitent la manière.

L'artiste français, lorsqu'il joint à ses qualités de clarté, de précision, d'élégance, de sobriété, l'idéal et la poésie, est vraiment grand.

Une des causes de la supériorité de l'art français sur les écoles étrangères, c'est qu'en France on aime les arts: riches et pauvres, tout le monde est heureux d'avoir et de contempler les productions des artistes. Par là, les artistes trouvent un grand encouragement dans la vente de leurs œuvres.

Ce qui peut être une cause de décadence artistique, c'est lorsque le nombre des artistes est trop considérable, — surtout s'ils ont, comme de nos jours, une grande habileté de main; — il n'y a plus assez d'argent pour faire vivre tout ce monde. On paye moins : les artistes vont plus vite. Acheteurs et artistes, l'art lui-même, tout le monde y perd.

Pline raconte que « Pamphyle rendit une grande considération à l'art de la peinture lorsqu'après avoir demandé un *talent attique* pour ses leçons, il exigea que ses élèves fréquentassent pendant dix ans son école. C'est à quoi Apelles et Mélanthus se conformèrent après lui.

« Il arriva de là qu'il n'y eut que les enfants de parents aisés et les jeunes gens de naissance libre qui s'appliquèrent à la peinture, comme, en général, il était interdit aux personnes d'une condition servile de cultiver les arts d'imitation. »

On doit attribuer cette supériorité de l'art français au sens artistique que possèdent tous les Français. Le dimanche, nos musées sont en quelque sorte le lieu de pèlerinage de la classe ouvrière et de la petite bourgeoisie.

C'est par vingt ou trente mille qu'il faut compter le nombre des visiteurs. Il est évident que les soldats et les bonnes d'enfant qui vont au Louvre n'en recueillent pas ce que vous et moi nous pourrions y glaner ; mais ce serait une erreur très-grave de croire qu'il ne reste pas quelque chose dans le cerveau de ces visiteurs du dimanche. Le cerveau français est comme une cire molle, il prend facilement l'empreinte de ce qui l'impressionne.

Je vais plus loin, je dirai que c'est pour l'ouvrier parisien un grand enseignement. Tout, à Paris, touche plus ou moins à l'art, et chacun de ceux qui vont au Louvre y va pour apprendre quelque chose. Écoutez M. de Lasteyrie : « Nos musées, dit-il, sont en quelque sorte l'école supérieure de l'industrie. On peut dire qu'ils lui rendent autant de services le dimanche qu'ils en rendent pendant le reste de la semaine à l'étude des beaux-arts proprement dits. »

S'il est vrai que nous avons des musées admirables par le choix des œuvres des maîtres que nous y avons classées, je dois dire que malheureusement nous avons bien des maîtres qui manquent à la collection.

Pour être utile à l'art, il n'est pas nécessaire de prendre les plus grands artistes : nous avons des artistes de second ordre dont les œuvres sont bien intéressantes pour celui qui travaille. Je m'arrête sur cette question ; je ne puis faire ici la nomenclature des maîtres étrangers qui manquent à nos collections. L'art des pays étrangers est, autant dire, absolument inconnu chez nous. N'y a-t-il donc pas là une lacune à remplir ?

Et cependant les étrangers sont en grand progrès. Après les expositions universelles de Londres, MM. le vicomte de Laborde et Michel Chevalier terminèrent leurs rapports en criant : Gare !...

Nous devons veiller, nous devons voyager et profiter de ce qui fait notre supériorité sur les autres peuples. Nous sommes impressionnables, et devant le beau nous avons des enthousiasmes que les autres peuples ne connaissent pas.

Nous avons chez nous une grande liberté dans les arts, ce qui a contribué beaucoup à leur développement. M. About nous apprend la réponse d'un Athénien à l'envoyé du roi de Perse : « Sais-tu pourquoi nos artistes inventent de si belles choses, tandis que les vôtres n'inventent rien?... C'est que l'art est un oiseau des bois qui ne peut vivre qu'en liberté; on a beau suspendre des branches vertes aux barreaux de sa cage, lui présenter tous les matins de l'eau fraîche et des grains de millet, et siffler près de lui des airs mélodieux, il baisse la tête, il refuse de manger, il perd la voix, l'ennui le prend et l'emporte. »

Le Despotisme, en fait d'art comme en fait de gouvernement, est frappé de stérilité par son principe même. (De Lasteyrie.)

Une des causes de la supériorité de l'Art français, c'est le goût; le talent seul ne suffit pas : le talent imite la nature, le goût en inspire le choix, et, comme je le dirai dans le chapitre suivant, peut-on avoir le goût pur quand on a le cœur corrompu?

L'art français a toujours une idée, et une idée dont la compréhension est facile, ce qui le distingue de l'art allemand. Il cherche la vérité dans la pose et ne la sacrifie pas à la grâce.

Ceci me met en mémoire un passage de Diderot qui est véritablement charmant, lorsqu'il faisait faire son portrait par Le Moyne. Voici ce passage :

« Le peintre était debout, immobile, entre son ouvrage et moi, la jambe droite pliée et la main gauche appuyée sur sa hanche, non du même côté, du côté gauche.

— Mais, lui dis-je, monsieur Le Moyne, êtes-vous bien?

— Fort bien, répondit-il.

— Et pourquoi votre main n'est-elle pas sur la hanche du côté de votre jambe pliée?

— C'est que par sa pression je risquerais de me renverser. Il faut que l'appui soit du côté qui porte toute ma personne.

— A votre avis, le contraire serait absurde?

— Très-absurde.

— Pourquoi donc l'avez-vous fait à votre Louis XV de l'École militaire?... »

A ces mots, Le Moyne resta stupéfait et muet. J'ajoutai :

« Aviez-vous eu le modèle pour cette figure?

— Assurément.

— Avez-vous ordonné cette position à votre modèle?

— Sans doute.

— Et comment s'est-il placé? Est-ce comme vous l'êtes à présent ou comme votre statue?

— Comme je suis.

— C'est donc vous qui l'avez arrangé autrement?

— Oui, c'est moi, j'en conviens.

— Et pourquoi?

— C'est que j'y ai trouvé plus de grâce... »

Ce fait est rare dans l'école française; il nous fallait cette époque de mise en scène pour commettre de semblables erreurs.

Devant un tableau de l'école française, on

lit facilement l'action : tout est clair, tout est facile.

Ce qui fait que les étrangers recherchent nos œuvres d'art, c'est que les artistes français — je parle ici de ceux qui pratiquent véritablement notre art national — sont originaux; ils parlent la langue de leur pays, ils ne rêvent point et font ce qu'ils voient. « Il faut que les artistes, s'ils travaillent seuls, développent également en eux-mêmes toutes les facultés, ou qu'ils les complètent en s'associant. » (Proudhon.)

Je terminerai cette première partie de ma réponse par une citation tirée *De l'Art et du Beau* de Lamennais, et qui vient à l'appui de ce que j'ai dit plus haut. Si l'art français a une supériorité sur les autres écoles, cela vient de ce qu'il est lui-même et qu'il ne va pas chercher ailleurs ni sa forme ni sa pensée :

« On le voit dans chacune de ses branches, l'art, comme nous l'avons établi d'abord, n'est que la forme extérieure des idées, l'expression du dogme religieux et du principe social dominant à certaines époques.

« Imiter l'art ancien, le reproduire, est donc un précepte absurde et faux, parce qu'il exigerait que l'artiste fût pénétré de la conception antique, qu'il y crût ; parce que cette conception ne représenterait point l'état actuel de l'intelligence et de la société. Aussi, quelque habile qu'elle fût, l'imitation ne put-elle jamais imprimer à ses productions le caractère de vie inséparable de cette spontanéité que réalise immédiatement un modèle moderne. »

Maintenant, si nous voulons chercher les causes extérieures qui ont contribué à la supériorité de l'école française sans rien ôter à nos qualités, nous nous devons la vérité entière. Eh bien! nous devons dire que cette supériorité vient aussi de l'abaissement des grandes écoles étrangères, et, ce qu'il y a de terrible, c'est que notre supériorité elle-même n'est venue qu'à une époque où notre art baissait lui-même. Mais aussi, à ce moment, il devenait plus personnel.

Je serai bref dans cette dernière partie, car j'ai suffisamment démontré, dans le dernier chapitre de la première question, combien l'art

était tombé à l'étranger, puisque toutes les académies étrangères n'avaient même plus à leur
tête un artiste du pays.

Les nôtres dirigeaient toutes les écoles au
XVIIIe siècle.

L'école italienne n'existait plus, non plus
que l'école espagnole.

Les écoles flamande et hollandaise se soutenaient à peine ; seule, l'école anglaise se
montrait : il est vrai de dire qu'elle était à son
début. Les Anglais ont tout fait pour avoir une
école, et ils font encore des sacrifices inouïs.

N'ont-ils pas inventé les musées ambulants ?
La reine, les lords, tous les grands collectionneurs, prêtent leurs merveilles, qui se pro-
mènent de villes en villes.

On forme ainsi le peuple, en ouvrant l'intelligence aux belles et grandes productions
artistiques.

On pourrait croire que le peuple anglais
n'est pas artiste. C'est une erreur considérable,
car, comme nous le dit M. Edm. About :

« Au second examen, on acquiert la conviction que les peintres anglais ont infiniment

d'esprit, de savoir et d'adresse ; les idées fines abondent, je dirais presque surabondent ; les procédés du métier sont mis en œuvre avec une habileté prodigieuse. Si ces deux qualités suffisaient pour faire un peintre, l'école anglaise serait la première de l'univers. »

Et cependant, si nous avons une influence réelle, c'est certainement en Angleterre qu'elle se trouve, et c'est pour moi la plus grande démonstration de la prééminence de notre art : car le peuple anglais est un peuple exact, qui n'achète qu'à bon escient et n'a de considération que pour ce qui a une valeur réelle.

L'école allemande n'existe plus depuis long-temps.

Je ne ferai même pas l'honneur à ce peuple de le discuter au point de vue artistique.

Ils sont tellement forts, il y a dans leurs œuvres une telle surabondance d'intentions, un tel imbroglio d'idées, comme dit M. Edm. About, qu'un public ordinaire est inhabile à démêler, qu'il devrait y avoir un interprète attaché à chaque toile.

Si l'Espagne a eu une dégringolade artistique

pendant plusieurs siècles, nous lui devons de reconnaître qu'elle est en progrès.

Il se fait certainement chez les Espagnols une grande renaissance et qui est toute personnelle. Voilà leur gloire !

Tel est mon avis, et, en me méfiant de l'amitié et de la grande sympathie que j'ai pour Fortuny et Madrazzo le fils, je suis heureux de répéter ici ce qu'About disait, en 1855, de la jeune école espagnole : « Il ne faut pas juger à travers nos réminiscences de l'ancienne peinture espagnole. Au lieu de faire des pastiches de leurs grands maîtres, ils fondent sur de nouveaux frais une école nouvelle qui trouvera tôt ou tard son originalité. »

Si nous passons à l'école flamande, nous verrons qu'au XVIIIᵉ siècle, précisément à l'époque où nous avons eu dans ce pays, comme dans les autres nations, une grande influence, il y a eu une véritable décadence artistique.

Cette école se releva en 1830, et je suis heureux de constater que chaque année, aux expositions de Bruxelles, de Gand et d'Anvers, on a pu voir des œuvres du plus grand mérite.

Cette école a été véritablement heureuse, car elle a eu ce que l'Allemagne et la Hollande n'ont pas eu : elle a eu le siècle de Van Eyck, le siècle de Rubens, deux siècles immortels.

Je terminerai par l'école hollandaise, et je prouverai encore que dans cette école il y a eu une décadence marquée au moment où notre influence a fait invasion.

L'influence de Gérard de Layresse eut une action fatale. Cet artiste créa, nous dit M. Ch. Blanc, une secte qui, voulant ennoblir la peinture, la sophistiqua par une fade résurrection de la fable antique préférée à l'histoire nationale.

La Prudence, la Tempérance, la Justice, vinrent prendre la place de Kortenaar, de Tromp et de Ruyter...

Lycurgue, Fabricius, Curius Dentatus, Fabius Maximus, furent substitués à ces braves capitaines d'arquebusiers, à ces fiers bourgmestres qu'avaient immortalisés Théodore de Keyser, Van der Helst, Rembrandt, Govert Flinck...

Ce fut le signal de la décadence... Le paysage, la marine, tout se transformait à la fois.

Le souffle du Poussin agitait les arbres mythologiques de Van Huysum... L'ancienne bonhomie était remplacée par une dignité factice, ou passait de la naïveté à la boursouflure, et l'école perdait sa virtualité en perdant son caractère.

Si j'ai pris la peine de passer en revue toutes les écoles étrangères, si j'ai cherché à prouver leur décadence à un moment donné, cela n'a pas été dans le but d'affaiblir la gloire qui appartient à notre école, ni pour abaisser des écoles qui ont tenu en admiration le monde entier, et qui, à ce point de vue, nous rendent si heureux lorsque nous avons le bonheur de pouvoir contempler une des œuvres de ces maîtres d'autrefois.

Ma pensée est plus grande, plus généreuse, plus patriotique : mon but a été de chercher à prouver que chaque fois que notre art est resté personnel, chaque fois il a été grand et admiré, et chaque fois, dis-je, il a eu une influence sur les écoles étrangères.

Mais, si ces écoles étrangères étaient restées elles-mêmes, elles ne seraient pas tombées en décadence.

Le mérite de l'école française n'aurait pas été amoindri pour cela, et l'art y aurait gagné!

C'est ce qu'il faut.

IIIᵉ QUESTION

*A quelles conditions l'art français peut-il justifier
et conserver cette supériorité?*

CHAPITRE Ier

L'ART *français justifiera et conservera sa supériorité sur les autres écoles, à la condition que l'administration n'encourage que l'art national, qu'elle élève le niveau des études des artistes et qu'elle les dirige exclusivement vers l'art français.*

Il y a assez d'artistes indépendants pour faire tel genre qui peut leur convenir. Nous allons dire combien est grande et universelle l'action de l'administration et des écoles.

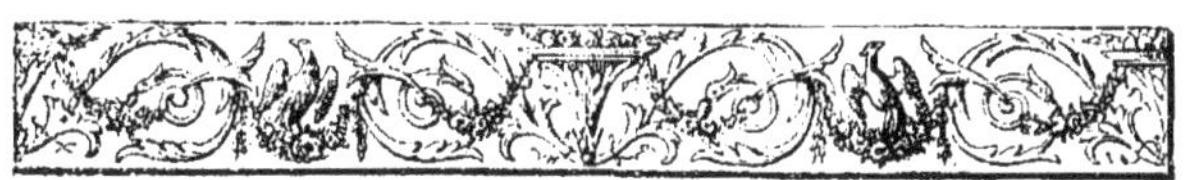

CHAPITRE Ier

DE L'INFLUENCE DE L'ADMINISTRATION
ET DES ÉCOLES

E tout temps, en France, l'administration a joué un rôle considérable (je
ne dirai pas trop considérable); et
c'est chose grave, je crois, que d'accorder à
un seul individu le droit de tout juger, de
tout louer, de tout dominer.

Si encore les administrateurs des beaux-
arts étaient immortels, on pourrait peut-être
arriver à un bon résultat. Mais, hélas! ils vont
et viennent avec les gouvernements, et, ce qui
est plus malheureux encore, ils changent avec
les ministres.

Il est bien convenu que ce qui a été fait par le prédécesseur ne vaut rien, et que pour sauver l'art il faut modifier, changer, détruire.

Qu'arrive-t-il alors? Il arrive qu'il n'y a plus de suite dans les études des artistes, et par là plus de progrès : l'art est forcé de suivre, il faut le dire, la mode, le goût du jour.

Il serait curieux et instructif de citer toutes les modifications qui ont été apportées par les différents directeurs des beaux-arts; mais à quoi cela servirait-il à l'art? L'artiste, qui a déjà tant de difficultés à vaincre, ne doit pas s'arrêter à ces petites considérations.

Ce qu'il faudrait pour le développement des arts, pour leur progrès, ce sont des institutions fortes, généreuses, paternelles tout à la fois. Pas de partialité : de la justice et de la bienveillance.

L'administrateur des beaux-arts, au lieu de s'entourer d'hommes considérables, il est vrai, par leur fortune, leur position élevée dans l'État, devrait ne rechercher que les critiques, que les amateurs connus par leurs travaux et leurs recherches, possédant une grande érudition, et ne s'entourer que des artistes de genre et de tempérament différents.

De cette réunion d'hommes d'élite il résulterait un grand bien pour *notre art*. J'ai dit *notre art*, car ici je vais commencer à traiter une question bien sérieuse et bien grave pour l'avenir de notre école française, et je pars de ce point.

L'administration et l'École des beaux-arts sont en train de perdre les *traditions* de la peinture et de la sculpture françaises.

Nous avons une grande école française *en peinture* et *en sculpture*.

Nous avons l'école la plus considérable qui soit au monde. Pourquoi ne pas concentrer tous nos moyens, toutes nos forces, pour continuer, pour augmenter, si cela est possible, notre gloire? pourquoi ne pas diriger nos jeunes élèves vers ce but?

Rome a fait plus de mal que de bien à l'art français. Je vais le prouver. Le Poussin, ce grand peintre dont notre école est fière à juste titre, n'a pas le caractère de notre école. Il alla en Italie, où il fit de nombreuses copies de Raphaël, de Jules Romain ; et alors il s'identifia avec l'école romaine.

Pierre Mignard fit la même chose ; il se fit admirer à Rome comme Français, et à Paris comme Romain.

Voyez au contraire Le Sueur, qui n'alla pas à Rome ; il eut toutes les qualités que notre patriotisme réclame : la simplicité de l'ordonnance, la vérité et la noblesse des attitudes, de belles draperies, enfin un goût délicat.

Le Sueur fut un de nos plus grands peintres ; il eut une manière exquise de rendre tout ce qui est sentiment sans affectation : grande conception, grande fécondité.

En étudiant l'histoire de nos artistes, nous constatons que chaque fois qu'un de nos maîtres est allé à Rome il a perdu le *caractère* de *véritable artiste français;* il a été séduit par les maîtres italiens, et il a perdu son originalité, cette virginité de l'artiste.

Je vais prendre mes exemples dans la sculpture française... Nous avons d'abord Pierre Franqueville, né à Cambrai. Il étudia à Paris, alla à Rome, et il nous fit une sculpture maniérée, sans caractère, sans vérité : tout est théâtral, voire son *Orphée*.

Le grand sculpteur Lorrain Richier, lui, n'est pas allé à Rome... Quel style, quel grand caractère a sa sculpture !

Nous ne savons pas si Jean Goujon étudia à Rome; mais ce que nous pouvons constater, c'est que la renaissance italienne a eu une grande influence sur lui. Loin de moi la pensée de ne pas admirer ce maître, qui a un faire si gracieux, si facile ! Mais quand je le compare à Jean Cousin, son camarade, puis-je lui reconnaître la même élégance? Il est cependant *le chef de notre école de sculpture française.*

A lui l'honneur d'avoir commencé la liste de toutes nos illustrations !

Plusieurs écrivains ont contesté à Jean Cousin la paternité de la magnifique statue de l'amiral de Chabot; mais, jusqu'à preuve du contraire, il est impossible de l'attribuer à un autre artiste.

Jean Cousin eut lui-même le tort de subir l'influence italienne dans ses peintures sur verre et dans son *Jugement dernier*.

Germain Pilon, lui, fut aussi un grand artiste ; mais, encore moins que Jean Goujon, il ne nous laissa aucun monument ayant le caractère de notre art ; il s'inspira plus que personne de l'art italien, du Primatice en particulier. Son élève Barthélemy Prieur fut moins brillant, mais plus Français.

Il n'est pas dans ma pensée, comme je l'explique plus loin, d'empêcher les artistes de voyager, de voir beaucoup, d'étudier avec intelligence ; ce que je désire, c'est que les élèves, les artistes, ne retiennent de leurs études des écoles étrangères que ce qui peut leur servir, qu'ils ne pastichent jamais, qu'ils n'aient qu'un but, qu'un objectif : le grand art français.

Ainsi, Jacques Sarrazin, qui fut, lui aussi, un de nos grands sculpteurs, apporta à la composition, à l'exécution de ses œuvres, le style, l'élégance, la vérité, pas autant toutefois que les maîtres qui lui succédèrent à cette Académie de sculpture qu'il fonda et qui vit naître nos premiers maîtres.

Ces magnifiques groupes qui ornent les jardins de Versailles et leurs bassins, ce sont des artistes bien français qui y travaillèrent.

Gaspard et Balthazar Marsy firent les groupes et figures en plomb de la fontaine du Dragon, de la fontaine de Bacchus, du bassin de Latone; ils exécutèrent aux bassins d'Apollon deux tritons et deux chevaux de marbre blanc et les statues décoratives de la façade du palais.

Je m'arrête ici, me proposant de parler des autres maîtres de l'*art français* dans un chapitre suivant. Pour me résumer, je dirai que les écoles, en France, ne doivent pas avoir pour but de faire des artistes quand même, appartenant à tel ou tel style, à telle ou telle école : on ne doit vouloir faire que des artistes français, et non des grecs ou des italiens, des flamands ou des espagnols.

Notre École des beaux-arts est une école nationale : elle ne doit avoir que la patriotique idée de développer un art national, et non chercher à faire des sculpteurs de la décadence florentine.

Que d'exemples je pourrais donner que la bonne et vraie confraternité m'interdit !

Les hommes remarquables par leur talent et leur érudition qui sont à la tête de notre administration des beaux-arts doivent veiller.

Gare à l'invasion étrangère!

Nous sommes loin des Puget, des Girardon, des Houdon, des Rude et des David d'Angers, qui, eux, sont de véritables Français et ne se sont inspirés que de l'art français!

CHAPITRE II

L'ART *français conservera sa supériorité :*

*A la condition que le public s'instruise,
et qu'au lieu d'avoir une action néfaste
sur les artistes, il les ramène dans la voie du
grand art par son choix intelligent dans les œuvres achetées ;*

*A la condition que la critique soit plus sérieuse,
plus honnête et surtout plus savante.*

*Nous allons développer dans ce chapitre l'im-
portance de l'action et de l'influence du public et
de la critique sur le développement, la grandeur
et la décadence des arts en France.*

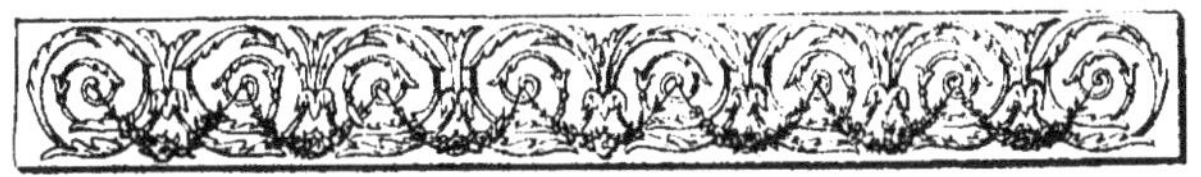

CHAPITRE II

'IL est incontestable que l'école française est supérieure aux écoles étrangères, il est impossible, d'un autre côté, de ne pas constater qu'elle est en décadence. Or la faute n'en est pas exclusivement aux artistes : elle vient en partie du public et de la critique. Nous ne voulons pas nous élever jusqu'à l'art : nous voulons qu'il descende jusqu'à nous, qu'il prenne la dimension de nos petits appartements, qu'il nous donne, — je vais prononcer le nom d'une invention merveilleuse, mais qui est la perte de nos peintres, — qu'il nous donne, dis-je, la précision de la photographie.

Je laisse la parole à notre grand et regretté peintre Fromentin. « Le public, dit-il, est tout disposé à fêter un art qui représente avec tant de fidélité ses habits, son visage, ses habitudes, son goût, ses inclinations et son esprit.

« Toutes les fantaisies de l'imagination, ce que l'on appelait les mystères de la palette à l'époque où le mystère était un des attraits de la peinture, cèdent la place à l'amour du vrai absolu et du textuel.

« La photographie, quant aux apparences des corps ; l'étude photographique, quant aux effets de la lumière, ont changé la plupart des manières de voir, de sentir et de peindre.

« A l'heure qu'il est, la peinture n'est jamais assez claire , assez nette, assez formelle, assez crue ; il semble que la reproduction mécanique de ce qui est soit aujourd'hui le dernier mot de l'expérience et du savoir, et que le talent consiste à lutter d'exactitude, de précision, de force imitative avec un instrument !... »

Voilà ce que demande le public ou ses intermédiaires, les marchands de tableaux, cette

plaie des artistes. Voulez-vous savoir quelle
est une des grandes causes de la décadence de
notre art? Ce sont ces entrepreneurs de peinture qui séduisent les artistes en leur payant
les tableaux à la grosse.

Il ne s'agit pas de faire bien, il faut faire
vite. Pourquoi penser au grand art? Cela ne
se vend pas. Un morceau d'étoffe, une vieille
guitare, un verre ou un vase en cuivre ou en
étain, voilà la grande peinture digne des savants collectionneurs de la seconde partie du
XIX⁵ siècle; ou bien faites photographier tel
coin de rue ou tel marché, reproduisez bourriche par bourriche, fleur par fleur, pétale
par pétale, vous arriverez, soyez-en sûr, à
avoir les honneurs du Salon. Vous aurez pour
vous la foule, le public, qui ne veut plus de la
peinture d'histoire.

« Vieux jeu! dira-t-on de la peinture reli-
gieuse; vieux jeu! » criera-t-on.

Au milieu de tout ce simili-art, il y a heu-
reusement de véritables œuvres, je dirai plus,
de grandes œuvres. Le portrait, le paysage,
sont restés debout; ils se sont même perfec-

tionnés, grâce aux quelques rares amateurs de goût qui nous restent.

Comme le dit M. Laurent Pichat, « il faut que le peuple s'instruise d'abord, et qu'il comprenne ensuite les traductions de la pensée.

« Les artistes veulent être jugés par tout le monde, et le peuple n'est pas prêt à concevoir les beautés de l'art. Cette inaptitude de la foule est un trouble de plus pour ceux qui créent. La foule parcourt nos musées avec une curiosité oisive. L'artiste a besoin d'être compris et guidé par le goût du peuple, et le peuple attend que l'artiste l'instruise en fortifiant et en élevant son âme. »

Il faut que le public soit instruit ; il faut qu'il aime l'art pour l'art, qu'il encourage les artistes qui sont restés dans les saines traditions. Le public, c'est la réputation de l'artiste ; le public, c'est le bien-être, la fortune et souvent le pain de l'artiste ! Il a donc une influence réelle. Qu'il y songe, c'est lui qui est en partie cause de notre décadence artistique.

J'ai dit que le public avait une grande influence sur les arts ; elle est moins grande cependant que celle de la critique, car souvent, je dirai presque toujours maintenant, c'est la critique qui guide la foule devant tel ou tel tableau, qui lance tel ou tel artiste.

Il suffit de lire les comptes rendus du Salon pour se faire une idée du grotesque de la critique. Les uns ne parlent pas de telle œuvre parce qu'elle représente un sujet religieux , et qu'en parler dans tel journal serait une impiété, ou plutôt pourrait faire baisser son tirage. Enfin il y a la critique bonapartiste, la critique légitimiste, la critique libre penseuse. Voyez-vous l'art devenir *libre penseur !*

Triste, triste chose ! Et, lorsque l'on pense au bien que doit faire une critique savante et honnête, on est véritablement navré : car cette critique peut faire autant que les écoles et les professeurs ! Non-seulement elle aide les artistes, mais encore elle dirige le goût du public ; elle lui enseigne le beau, le grand, et, avec ce principal allié, la critique arrive à ramener dans le droit chemin l'artiste le plus récalcitrant.

Mais, comme il est plus facile de critiquer que d'apprendre, on n'apprend pas.

Quelle est donc la position de l'artiste qui travaille, qui étudie, qui cherche le beau, le grand? De deux choses l'une : ou il se trouve en présence de gens qui ignorent les principes élémentaires de l'art, soit dans sa partie matérielle, soit dans l'ordre élevé de la composition et de l'idée à rendre; ou alors il n'a devant lui que des envieux, des camarades qui se tairont.

Voici un exemple tiré de l'ouvrage de M. Chesneau, *l'Art et les Artistes :*

C'est M. Champfleury qui parle.

« Il m'importe médiocrement, dit-il, qu'une figure ne soit pas à son plan, et qu'au fond d'une chambre elle paraisse éloignée d'un quart de lieue. »

Maintenant, voici un extrait du livre de M. Castagnary, *Philosophie du Salon de* 1857 :

« Plus de divines allégories : Jupiter, Jésus, Marie, Minerve, Apollon, l'Amour, enfin tout ce qui nous vient du ciel chrétien ou païen. »

La critique est une chose bien difficile; il ne faut la faire qu'à la suite de longues et sérieuses études, et encore!

Que de causes physiques et morales modifient notre manière de voir! « Ainsi, par exemple, disait Diderot, entre les tulipes d'un jardin, la plus belle, pour un curieux, sera celle où il remarquera une étendue, des couleurs, une feuille, des variétés peu communes ; mais le peintre occupé d'effets de lumière, de teintes, de clair-obscur, de formes relatives à son art, négligera tous les caractères que le fleuriste admire, et prendra pour modèle la fleur même méprisée par le curieux. »

Pour continuer, toujours avec Diderot, je dirai « qu'il n'est pas plus difficile que plusieurs personnes diffèrent entre elles, dans un même instant, relativement aux idées simples, que le même homme ne diffère de lui-même dans des instants différents.

« Nos sens sont dans un état de vicissitudes continuel : un jour on n'a point d'yeux, un autre jour on entend mal, et d'un jour à l'autre on voit, on sent, on entend diversement. »

Autre exemple de Diderot :

« Si l'on aime le vin d'Espagne, il ne faut qu'en prendre avec de l'émétique pour le détester, et il ne nous est pas libre d'éprouver ou non des nausées à son aspect. Le vin d'Espagne est toujours bon, mais notre condition n'est plus la même par rapport à lui.

« Nous avons l'opinion de notre pays, les conventions de nos compatriotes : tout influe dans notre jugement. Certaines formes sont-elles en usage parmi des paysans ou des gens dont la profession, les emplois, le caractère nous sont odieux ou méprisables, ces idées accessoires reviendront malgré nous avec celle de la couleur et de la forme, quoiqu'elles n'aient rien en elles-mêmes de désagréable. »

Que l'on convienne donc combien il est difficile d'être un bon critique, et combien on doit perfectionner son intelligence, la seconder par un vigoureux travail et par une étude continuelle de soi-même, pour se mettre à l'abri de la situation de son esprit, de l'état de sa santé, de l'impression bonne ou mauvaise sous laquelle on se trouve.

Lorsque la critique sera ainsi, les artistes auront une alliée puissante, et ils pourront et devront suivre ses conseils.

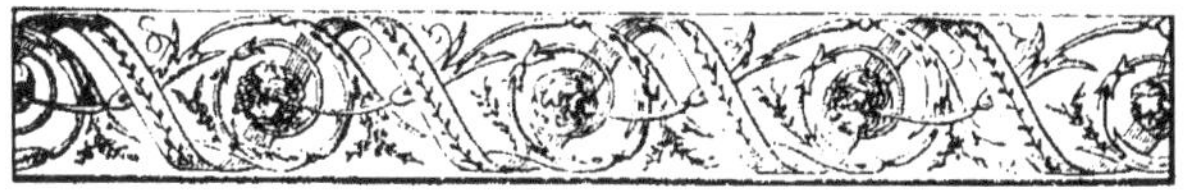

CHAPITRE III

Si l'art français veut justifier et conserver sa supériorité, il faut qu'il s'élève par la pensée, et qu'au lieu d'aller à grands pas à sa décadence il se régénère, car il n'est pas permis de douter un seul instant que l'art français ne suive une pente fatale; et cependant, dans aucun pays, à aucune époque, on n'a tant fait pour le développement de l'étude du dessin. Le résultat a été une grande habileté de main, une grande science de la partie mécanique de l'art.

L'art, comme je l'ai dit, est devenu matérialiste et libre penseur.

Pourvu que l'on atteigne la perfection technique, une habile exécution matérielle, tout est
dit... De pensées point, de composition, d'ordre, rien !

Une œuvre d'art est un produit comme un
autre.

Il faut que nos artistes s'instruisent ; il faut
que notre pays se régénère.

L'art suit d'une manière intime nos mœurs,
nos idées religieuses et politiques.

Il montre nos goûts et nos pensées les plus
intimes. En étudiant les arts d'une époque,
d'un pays, on doit connaître l'état moral de ce
pays et de cette époque.

Le mouvement artistique dans un pays
suit son mouvement littéraire.

Dans les époques tourmentées, où il n'y a
pas d'art, où les productions artistiques sont
presque nulles, l'on a vu la dégradation morale être suivie de la dégradation artistique :
Rome, Athènes, nous en donnent un exemple
irréfutable.

« Que doit-il advenir, dit le P. Félix, du
progrès artistique, lorsque les âmes qu'il faut

peindre sont généralement laides de leur laideur morale, lorsque le siècle qui demande à se reconnaître dans des tableaux, des peintures, a les instincts dépravés par d'ignobles passions, et lorsque les artistes, qui doivent peindre les âmes et répondre aux exigences du siècle, sont eux-mêmes gagnés par cette corruption qu'ils aspirent comme l'air dans l'atmosphère où ils vivent? »

L'art doit être avant tout l'expression du beau, du beau tel qu'il doit être au fond de l'âme.

L'art doit être pur, il doit être sincère... Les artistes de nos jours ne sont plus que des hommes de commerce, des ouvriers peintres.

Le jour où les peintres et les gens de goût, comme le dit Fromentin, se persuaderont que les meilleures études du monde ne valent pas un bon tableau, l'esprit public aura fait encore un retour sur lui-même, ce qui est le plus sûr moyen de faire un progrès.

Il faut que les artistes s'instruisent, qu'ils se pénètrent de ce que c'est que le beau ; ils justifieront et conserveront la supériorité qui leur est accordée.

Qu'est-ce que le beau? Saint Augustin nous dit que « le rapport exact des parties d'un tout entre elles constitue *un,* ce qui fait le beau ».

Les caractères du beau, d'après Crousaz, sont au nombre de quatre : la variété, la régularité, l'ordre et la proportion.

Le beau, c'est l'ordre, dit le P. Félix. Winckelmann, lui, nous enseigne que la beauté consiste dans un parfait accord de la créature avec sa fin, dans un rapport harmonieux des parties entre elles et du tout avec ses parties, etc., etc., etc.

Si l'on veut que l'art français se fortifie, qu'il résiste à toute décadence, il faut que les artistes aient une autre éducation.

Ce qu'il y a de remarquable et ce qui me fait dire que nous n'avons plus que des ouvriers en France, c'est que plus la main devient habile, plus l'artiste est ignorant : plus d'efforts d'imagination, plus de composition; un coin de nature, cela suffit. N'avons-nous pas vu au Salon, à la sculpture, les œuvres les plus monstrueuses : une femme mettant son bas, un jeune homme tenant un chat par la peau du cou, etc., etc.? On place des pince-nez en métal sur des bustes en plâtre pour être plus réaliste!

Que les artistes vivent donc avec les savants, les philosophes; qu'ils suivent les grands mouvements intellectuels, qu'ils fassent un peu moins bien la boulette ou qu'ils se servent moins habilement du couteau à palette, et qu'ils composent mieux : plus de science dans la tête et un peu moins de procédés dans la main.

Pour faire un beau portrait, il faut posséder parfaitement la vie de son modèle, connaître ses goûts, ses qualités, ses défauts, lire ses écrits. Quelques séances donnent l'architecture de la tête : l'étude du caractère est comme la lumière qui éclaire et fait vivre le visage ; elle donne ce je ne sais quoi qui fait que sur un buste on doit pouvoir lire la vie entière de celui dont il est le mirage.

Que d'artistes, hélas! commencent par chercher la pose, la couleur! Et, une fois ces deux choses trouvées, ils se demandent quel titre ils pourraient bien donner à leur toile, à leur figure.

Nous devons donc reconnaître que, si un noble dévouement ou une grande action n'inspire pas nos artistes, la salle des ventes, les marchands de tableaux, les livres à images, à costumes, enrichissent leur imagination et meublent nos musées.

Malheur à l'artiste chez lequel le cœur, l'âme, n'ont pas parlé lorsqu'il a conçu un sujet de peinture ou de sculpture ! Si vous n'êtes pas sensible, si vous n'êtes pas profondément ému à la lecture d'une grande action, comment voulez-vous l'exprimer en nobles sentiments ? Ce qu'il faut que vous donniez à votre héros, c'est ce feu, c'est cette dignité. Si vous ne le comprenez pas, si vous ne pouvez pas le faire jaillir de vous-même, comment voulez-vous que dans cet être commun et glacial que vous avez représenté on puisse reconnaître le héros d'une grande action ?

C'est une parcelle de sa vie qu'il faut mettre dans son œuvre ; il faut que vous soyez frappé de l'étincelle mystérieuse qui met le feu aux organisations d'élite.

Oui, je le dis, ce qui peut être cause de la décadence artistique en France ne vient pas de ce que l'on enseigne tel ou tel canon, de ce que l'on met huit têtes, ou sept un quart, ou sept et demie. La décadence viendra de l'état moral des artistes ; elle viendra de l'égoïsme : l'égoïsme n'est pour rien dans une admiration sincère.

L'artiste doit être grand, généreux ; il doit ouvrir son âme aux rayons puissants d'une admiration entière, d'une admiration féconde. Admirer, c'est égaler, a dit le P. Félix.

L'art ne doit jamais descendre.

Le législateur doit s'en servir comme d'un moyen de moralisation. L'art doit élever la foule jusqu'à lui ; il doit élever et agrandir l'âme humaine.

Le jour où l'on ne croira plus ni à Dieu ni à la famille, le jour où l'on n'aura plus les entrailles qui tressailleront au seul nom de patrie, l'art sera mort et ne reviendra plus.

L'artiste a au cœur cet amour immense et

mélancolique qui lui fait aimer tout ce qui est grand et bon, tout ce qui est faible, tout ce qui est jeune et beau.

L'on peut dire que l'artiste se meurt d'un doux mal d'amour pour son art chéri.

L'art français ne périra pas encore, car il a des artistes qui croient, qui pensent et qui travaillent.

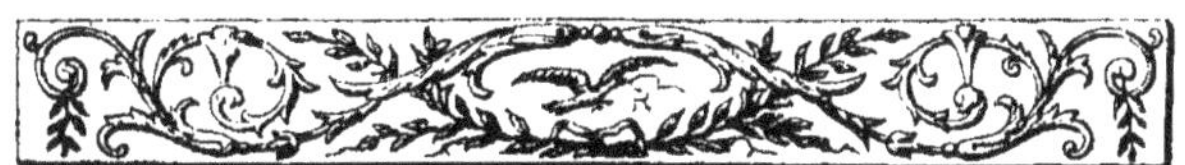

TABLE DES MATIÈRES

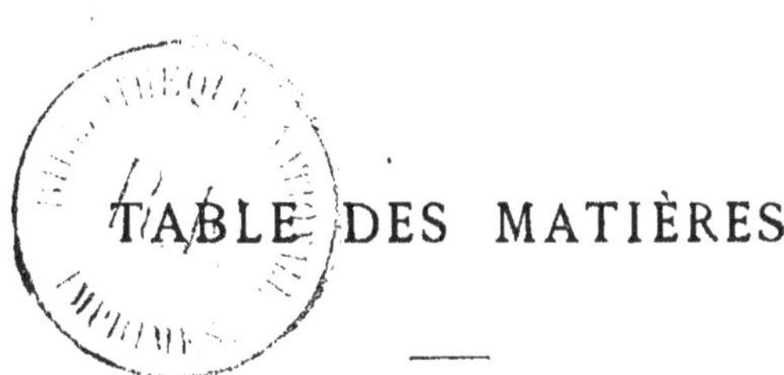

—

5567. — Paris, imprimerie D. Jouaust, 338, rue Saint-Honoré.

www.ingramcontent.com/pod-product-compliance
Ingram Content Group UK Ltd.
Pitfield, Milton Keynes, MK11 3LW, UK
UKHW031843170726
13836UKWH00004B/1859